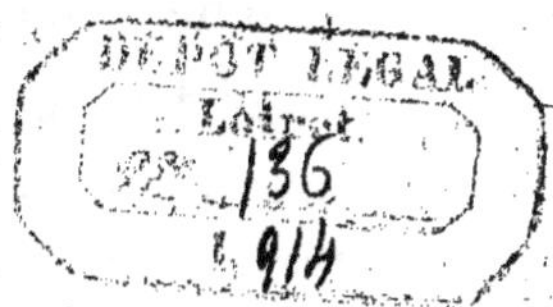

LE MARCHÉ DU POISSON

à Paris

Par M. Ch. MONSARRAT

Commissaire de police

Chef du service actif des Halles centrales, Marchés et Abattoirs

et M. A. HOCQUART

Inspecteur principal

Contrôleur des Halles, Marchés et Abattoirs

INTRODUCTION

Un travail particulièrement intéressant et instructif, travail scientifique et patient, a été fait par M. Albert Hocquart, inspecteur principal, contrôleur des Halles, Marchés et Abattoirs, sur l'ensemble des arrivages de toutes denrées alimentaires aux Halles Centrales de Paris.

C'est une partie de ce travail que j'ai l'honneur de présenter, aujourd'hui, au 6° Congrès national des Pêches maritimes. Cette partie se rapporte naturellement à la vente en gros du poisson. Les congressistes se rendront aisément compte du soin avec lequel ce travail a été exécuté et, surtout, apprécieront son incomparable valeur.

Rien dans cette étude n'a été laissé à l'imagination ; tout

est le résultat de recherches méthodiques et les chiffres qui sont donnés sont absolument exacts et incontestables.

M. Albert Hocquart, à qui revient tout le mérite de cette œuvre, a, pour son exécution, compulsé non seulement tous les documents du Commissariat de Police des Halles Centrales, Marchés et Abattoirs, mais a encore poursuivi ses recherches parmi les bibliothèques de la Ville de Paris.

Il est certain que rien d'aussi complet et d'aussi précis n'a été publié jusqu'à ce jour et que, pour reconstituer les documents que j'ai l'honneur de soumettre à l'attention du Congrès, il faudrait, tout comme l'a fait M. Hocquart, plusieurs années de recherches.

J'ai, avec lui, revu cet ensemble extraordinaire de chiffres et avec lui l'ai mis entièrement au point.

Il nous aurait, sans doute, été facile d'accoler aux statistiques présentées des développements qui auraient pu avoir la prétention de préciser encore l'importance et la prospérité des introductions du poisson aux Halles Centrales. Mais, toute réflexion faite, j'ai estimé qu'il valait mieux, dans une assemblée scientifique où ils seront parfaitement compris, laisser à tous ces chiffres leur personnelle éloquence.

Charles MONSARRAT,

Commissaire de Police,
Chef du service actif des Halles centrales,
Marchés et Abattoirs,
34, rue des Halles, Paris, Ier.

LE MARCHÉ DU POISSON A PARIS

Le marché du poisson est un des plus anciens de Paris. C'est pour cette vente que les premiers intermédiaires officiels furent institués par saint Louis en 1254.

Au temps des anciennes Halles, le poisson se vendait sur un emplacement qu'on appelait « le Parquet de la Marée ».

En 1822, l'Administration des Hospices fit construire un marché couvert d'une superficie de 1,500 mètres, sur le carreau du pilori. Ce bâtiment disparut lors de la reconstruction des Halles.

La vente en gros du poisson fut installée le 28 décembre 1857, dans le pavillon n° 9 et sur les trottoirs et la chaussée le bordant.

On remania son emplacement en 1898 et on lui affecta les parties sud des pavillons n° 9 et 11, mesurant ensemble 3,170 mètres carrés.

Enfin, en 1909, la totalité du pavillon 11 fut abandonnée à la vente en gros du poisson.

Il s'ensuit que ce marché occupe une superficie de 3,674 mètres (pavillon 9, 1,406 mètres carrés ; pavillon 11, 2,268 mètres carrés).

Introductions de poisson, moules et coquillages
à la vente en gros aux Halles centrales

ANNÉES	POISSON DE MER et D'EAU DOUCE	MOULES et COQUILLAGES	TOTAUX des APPORTS AUX HALLES
	Kilogrammes	Kilogrammes	Kilogrammes
1872	19.755.063	5.232.177	24.987.240
1873	21.823.854	3.687.290	25.511.144
1874	19.716.049	3.442.609	23.158.658
1875	20.348.653	3.488.110	23.836.763
1876	21.248.984	4.059.794	25.308.778
1877	21.619.964	4.200.844	25.820.808
1878	22.223.636	3.403.173	25.626.809
1879	22.181.297	4 303 395	26.484.692
1880	22.831.023	5.094.793	27.925.816
1881	22.996.780	4.738.840	27.735.620
1882	21.461.265	5.832.047	27.293.312
1883	22.404.205	5.861.150	28.265.355
1884	24.784.437	5.112.870	29.897.307
1885	25.638.402	5.532.140	31.170.542
1886	24.624.416	5.165.790	29.790.206
1887	26.300.114	5.925.360	32.225.474
1888	25.215.499	5.789.760	31.005.259
1889	25.802.406	6.372.280	32.174.686
1890	24.611.348	5.882.580	30.493.928
1891	25.365.691	6.999.400	32.365.091
1892	24.980.712	6.143.630	31.124.342
1893	25.427.541	6.446.090	31.873.631
1894	27.115.784	7.066.710	34.182.494
1895	27.138.776	7.627.320	34.766.096
1896	28.411.239	7.634.100	36 045.339
1897	27.175.744	7.921.300	35.097.044
1898	30.663.703	8.362.400	39.026.103
1899	30.205.613	8.235.650	38.441.263
1900	31.879.864	8.285.096	40.164.960
1901	32.127.993	8.613.080	40.741.073
1902	36.786.974	9.405.809	46.192.783
1903	35 854.510	9.327.759	45.182.269
1904	34.922.496	9.506.598	44.429,094
1905	36.343.671	10.378.166	46.721.837
1906	35.245.019	10.556.875	45.801.894
1907	37.032 926	11.488.097	48.521.023
1908	37.856.318	12.061.920	49.918 238
1909	38.499.381	12.385.802	50.885 183
1910	38.486.005	12.620.041	51.106.046
1911	38.515.910	13.411.522	51.927.432
1912	38.350 265	13.576.934	51.927.199
1913	38.595.940	13.382.355	51.978.295

Introductions dans Paris de poisson de 1ʳᵉ et 2ᵉ catégorie

(y compris le poisson de 1ʳᵉ et 2ᵉ catégorie entré aux Halles)

ANNÉES	1ʳᵉ CATÉGORIE — Saumons, Truites de toutes espèces, Ombres-chevaliers, Barbues, Turbots, Bouquets, Rougets, Barbets de la Méditerranée, Langoustes, Homards, Féras, Ecrevisses et Bars	2ᵉ CATÉGORIE — Mulets, Lamproies, Esturgeons, Sterlets, Soles, Anguilles, Brochets, Carpes et Carpeaux, Perches et Goujons	ANNÉES	1ʳᵉ CATÉGORIE — Saumons, Truites de toutes espèces, Ombres-chevaliers, Barbues, Turbots, Bouquets, Rougets, Barbets de la Méditerranée, Langoustes, Homards, Féras, Ecrevisses et Bars	2ᵉ CATÉGORIE — Mulets, Lamproies, Esturgeons, Sterlets, Soles, Anguilles, Brochets, Carpes et Carpeaux, Perches et Goujons
	Kilogrammes	Kilogrammes		Kilogrammes	Kilogrammes
1879	1.785.554	2.135.598	1897	2.086.292	1.966.016
1880	1.905.038	2.043.633	1898	2.343.039	1.975.110
1881	1.834.840	1.897.224	1899	2.124.225	2.027.532
1882	1.862.051	1.794.691	1900	2.311.090	2.193.462
1883	1.968.252	1 789.257	1901	1.916.833	1.956.816
1884	2.232.396	2.415.948	1902	2.076.044	1.996.897
1885	2.148.046	2.313.427	1903	2.114.798	1.890.903
1886	2.252.621	2.291.698	1904	2.120.253	1.837.139
1887	2.348.088	2.220.318	1905	2.291.271	1.847.370
1888	2.219.272	2.113.421	1906	2.107.707	1.806.140
1889	2.597.174	2.229.409	1907	2.070.907	1.910.634
1890	2.189.648	1.986.442	1908	1.916.287	1.900.860
1891	2.267.605	2.028.081	1909	2.020.088	1.861.981
1892	2.309.554	1.825.936	1910	2.185.606	1.756.469
1893	2.481.132	2.095.718	1911	2.272.420	1.879.807
1894	2.262.182	1.949.094	1912	2.425.485	1.883.585
1895	2.243.086	2.044.625	1913	2.510.100	1.872.663
1896	2.273.258	1.929.678			

Répartition des introductions de poisson aux Halles

ANNÉES	INTRODUCTIONS TOTALES DE POISSON	RÉPARTITION EN	
		POISSON DE MER	POISSON D'EAU DOUCE ET ÉCREVISSES
	Kilogrammes	Kilogrammes	Kilogrammes
1882	21.461.265	19.340.188	2.121.077
1883	22.404.205	19.978.297	2.425.908
1884	24.784.437	22.539.858	2.244.579
1885	25.638.402	23.429.618	2.208.784
1886	24.624.416	22.551.927	2.072.489
1887	26.300.114	24.203.590	2.096.524
1888	25.215.499	23.241.947	1.973.552
1889	25.802.406	23.615.492	2.186.914
1890	24.611.348	22.494.022	2.117.326
1891	25.365.691	23.179.643	2.186.048
1892	24.980.712	22.755.649	2.225.063
1893	25.427.541	23.403.871	2.023.670
1894	27.115.784	24.990.648	2.125.136
1895	27.138.776	24.977.439	2.161.337
1896	28.411.239	26.243.122	2.168.117
1897	27.175.744	24.780.129	2.395.615
1898	30.663.703	28.087.088	2.576.615
1899	30.205.613	27.592.250	2.613.363
1900	31.879.864	28.725.933	3.153.931
1901	32.127.993	29.002.988	3.125.005
1902	36.786.974	33.644.381	3.142.593
1903	35.854.510	32.938.708	2.915.802
1904	34.922.496	31.845.969	3.076.527
1905	36.343.671	33.381.898	2.961.773
1906	35.245.019	32.165.135	3.079.884
1907	37.032.926	34.205.776	2.827.450
1908	37.856.318	35.082.548	2.773.770
1909	38.499.381	35.877.998	2.621.383
1910	38.486.005	35.803.710	2.682.295
1911	38.515.910	36.008.948	2.506.962
1912	38.350.265	36.024.866	2.325.399
1913	38.595.940	36.360.015	2.235.925

Détail des introductions de poisson d'eau douce et écrevisses aux Halles

.ANNÉES	INTRODUCTIONS TOTALES de Poissons d'eau douce et d'Écrevisses	RÉPARTITION EN	
		POISSONS D'EAU DOUCE	ÉCREVISSES
	Kilogrammes	Kilogrammes	Kilogrammes
1887	2.096.524	1.499.956	96.568
1888	1.973.552	1.855.364	118.188
1889	2.186.914	2.045.834	141.080
1890	2.117.326	1.960.097	157.229
1891	2.186.048	2.026.174	159.874
1892	2.225.063	2.051.050	174.013
1893	2.023.670	1.894.619	129.051
1894	2.125.136	1.974.698	150.438
1895	2.161.337	1.995.615	165.722
1896	2.168.117	2.019.524	148.593
1897	2.395.615	2.252.244	143.371
1898	2.576.615	2.424.975	151.640
1899	2.613.363	2.453.635	159.728
1900	3.153.931	2.970.601	183.330
1901	3.125.005	2.909.165	215.840
1902	3.142.593	2.918.293	224.300
1903	2.915.802	2.645.097	270.705
1904	3.076.527	2.860.397	216.130
1905	2.961.773	2.752.378	209.395
1906	3.079.884	2.887.834	192.050
1907	2.827.150	2.635.210	191.940
1908	2.773.770	2.647.523	126.247
1909	2.621.383	2.471.722	149.661
1910	2.682.295	2.549.677	132.618
1911	2.506.962	2.398.522	108.440
1912	2.325.399	2.241.124	84.275
1913	2.235.925	2.141.880	94.045

Détail des introductions de moules, escargots et coquillages aux Halles

ANNÉES	INTRODUCTIONS TOTALES de Moules et Coquillages (1)	RÉPARTITION EN		
		MOULES	ESCARGOTS	COQUILLAGES DIVERS
	Kilogrammes	Kilogrammes	Kilogrammes	Kilogrammes
1887	5.925.360	5.067.700	455.420	402.240
1888	5.789.760	4.949.800	361.770	478.190
1889	6.372.280	5.496.370	385.300	490.610
1890	5.882.580	4.923.190	403.860	555.530
1891	6.999.400	5.597.010	452.970	949.420
1892	6.143.630	4.894.500	505.200	743.930
1893	6.446.090	5.008.000	434.930	1.003.160
1894	7.066.710	5.326.452	523.775	1.216.483
1895	7.627.320	5.663.464	578.656	1.385.200
1896	7.634.100	5.702.063	561.328	1.370.709
1897	7.921.300	5.911.841	600.444	1.409.015
1898	8.362.400	6.240.267	597.911	1.524.222
1899	8.235.650	6.201.070	543.272	1.491.308
1900	8.285.096	6.228.203	533.796	1.523.097
1901	8.613.080	6.608.470	534.280	1.470.330
1902	9.405.809	6.992.152	754.745	1.658.912
1903	9.327.759	6.936.207	991.775	1.599.777
1904	9.506.598	7.116.783	689.175	1.700.640
1905	10.378.166	7.987.406	697.740	1.693.020
1906	10.556.875	8.245.605	575.755	1.765.515
1907	11.488.097	9.124.627	563.390	1.800.080
1908	12.061.920	9.747.457	482.270	1.932.193
1909	12.385.802	9.964.916	496.452	1.924.434
1910	12.620.041	9.899.200	606.991	2.113.850
1911	13.411.522	10.663.290	522.822	2.225.410
1912	13.576.934	10.809.775	497.034	2.270.125
1913	13.382.355	10.683.219	515.705	2.183.431

(1) NOTA : Le poids des huîtres n'est pas compris dans ces totaux.

Détail des introductions de poisson de mer aux Halles

ANNÉES	INTRODUCTIONS TOTALES DE POISSON DE MER	RÉPARTITION EN		
		POISSONS DE MER	CRUSTACÉS	POISSONS SALÉS ET FUMÉS
	Kilogrammes	Kilogrammes	Kilogrammes	Kilogrammes
1887	24.203.590	23.033.690	818.533	351.367
1888	23.241.947	22.200.162	688.191	353.594
1889	23.615.492	22.408.207	876.550	330.735
1890	22.494.022	21.512.301	632.711	349.010
1891	23.179.643	22.254.946	665.578	259.119
1892	22.755.649	21.691.832	754.728	309.089
1893	23.403.871	22.345.785	804.727	253.359
1894	24.990.648	23.774.470	891.305	324.873
1895	24.977.439	23.741.789	882.711	352.939
1896	26.243.122	24.780.536	1.033.440	429.146
1897	24.780.129	23.476.008	956.116	348.005
1898	28.087.088	26.436.993	1.277.355	372.540
1899	27.592.250	26.274.168	1.100.232	217.850
1900	28.725.933	27.061.186	1.436.007	228.740
1901	29.002.988	27.442.763	1 375.210	185.015
1902	33.644.381	31.962.312	1.513.444	168.625
1903	32.938.708	31.323.930	1.466.818	147.960
1904	31.845.969	30.299.722	1.420.377	125.870
1905	33.381.898	31.701.318	1.583.900	96.680
1906	32.165.135	30.664.633	1.389.102	111.400
1907	34.205.776	32.410.427	1.699.404	95.945
1908	35.082.548	33.231.727	1.727.335	123.486
1909	35.877.998	33.964.682	1.802.511	110.805
1910	35.803.710	33.854.259	1.848.900	100.551
1911	36.008.948	34.029.243	1.910.040	69.665
1912	36.024.866	33.990.019	1.923.117	111.730
1913	36.360.015	34.185.068	2.020.242	154.705

Répartition, d'après leur provenance, des quantités de poissons, moules et coquillages introduites à la vente en gros aux Halles centrales

Années	POISSONS DE MER		Poissons d'eau douce et Écrevis.		Moules, Coquillages et Escargots	
	PROVENANCE FRANÇAISE	PROVENANCE ÉTRANGÈRE	PROVENANCE FRANÇAISE	PROVENANCE ÉTRANGÈRE	PROVENANCE FRANÇAISE	PROVENANCE ÉTRANGÈRE
	Kilogr. :	Kilogr. :	Kilogr. :	Kilogr. :	Kilogr. :	Kilogr. :
1882	14.577.190	4.762.998	552.320	1.568.757	1.655.427	4.176.620
1883	15.863.713	4.114.584	558.435	1.867.473	1.390.045	4.471.105
1884	17.444.155	5.095.703	522.171	1.722.408	1.110.730	4.002.140
1885	18.041.081	5.388.537	630.673	1.578.111	1.114.880	4.417.260
1886	17.049.596	5.502.331	591.460	1.481.029	1.044.840	4.120.950
1887	18.963.485	5.250.105	599.088	1.497.436	1.219.130	4.706.230
1888	19.253.287	3.988.660	533.247	1.440.305	1.276.620	4.513.140
1889	20.342.633	3.272.859	594.917	1.591.997	1.133.990	5.238.290
1890	19.765.956	2.728.066	676.615	1.440.711	1.200.580	4.682.000
1891	20.559.689	2.619.954	807.548	1.378.500	1.595.780	5.403.620
1892	21.215 495	1.540.154	791.027	1.434.036	1.439.860	4.703.770
1893	21.851.877	1.551.994	755.651	1.268.019	2.388.330	4.057.760
1894	23.514.015	1.476.633	733.838	1.391.298	2.235.520	4.831.190
1895	23.511.246	1.466.193	665.627	1.495.710	2.058.610	5.568.710
1896	24.818 970	1.424.152	724.828	1.443.289	1.779.550	5.854.550
1897	23.348.973	1.431.156	899.563	1.496.052	1.993.250	5.928.050
1898	26.859.489	1.227.599	867.233	1.709.382	2.354.000	6.008.400
1899	26.200.821	1.391.429	911.270	1.702.093	2.296.400	5.939.250
1900	26.939.208	1.786.725	1.091.308	2.062.623	1.892.635	6.392.461
1901	27.474.136	1.528.852	1.036.320	2.088.685	2.123.586	6.489.494
1902	32.054.412	1.589.969	962.057	2.180.536	2.616.623	6.789.186
1903	31.358.894	1.579.814	895.844	2.019.958	2.332.887	6.904.872
1904	30.139.719	1.706.250	981.487	2.095.040	2.249.384	7.257.214
1905	31.585.194	1.796.704	985.624	1.976.149	2.451.184	7.926.982
1906	30.621.344	1.543.791	1.055.862	2.024.022	2.517.134	8.039.741
1907	32.109.522	2.096.254	845.290	1.981.860	2.821.320	8.666.777
1908	32.857.596	2.224.952	821.780	1.951.990	3.087.287	8.974.633
1909	33.314.683	2.563.315	816.683	1.804.700	2.756.118	9.629.684
1910	33.192.788	2.610.922	781.855	1.900.440	2.737.946	9.882.095
1911	33.132.348	2.876.600	734.712	1.772.250	3.227.613	10.183.909
1912	32.885.215	3.139.651	701.025	1.624.374	3.550.557	10.026.377
1913	33.117.029	3.242.986	695.411	1.540.814	3.375.224	10.007.131

PROVENANCES

1° Marée.

Barbues, Turbots......	Boulogne, Dieppe, Calais, Dunkerque, Concarneau, Lorient, Port-Louis.
Bars, Mulets..........	Quimper, Lorient, Brest, Port-Louis, Concarneau, Martigues (Méditerranée).
Carrelets, Limandes, Flets, Fletons........	Etaples, Calais, Dunkerque, Berck.
Colins	Boulogne, Lorient et les ports du Finistère.
Congres, Raies........	Boulogne, Cherbourg, Barfleur, Saint-Brieuc, Brest, La Rochelle.
Crevettes grises........	Calais, Saint-Valéry-sur-Somme, Le Crotoy, la Belgique, la Hollande.
Salicoques	La Rochelle, Cherbourg, Brest.
Harengs	Boulogne, Gravelines, Dunkerque, Dieppe, Fécamp, Le Havre, Honfleur, Trouville, Calais, Berck, Etaples, Cherbourg.
Homards, Langoustes...	Brest, Quimper, Le Croisic, Audierne, Port-Louis, Lorient, le Maroc (1).
Maquereaux	*En mars et en avril*, les ports de Bretagne : Audierne, Concarneau, Port-Louis, Le Palais. *En été*, Boulogne, Gravelines, Fécamp.
Merlans	Berck, Boulogne, Le Portel, Gravelines, Calais, Port-Louis, et certains ports anglais.

---

(1) Beaucoup de ces crustacés sont pêchés sur les côtes du Portugal et de l'Espagne, puis conservés en France dans des viviers.

Sardines .... Les Sables-d'Olonne, Brest, Con-
carneau, Douarnenez.

Soles .... La Rochelle, les Sables-d'Olonne,
les ports de la Bretagne, ceux
situés sur la Manche, la Belgique, la Hollande.

Thons .... La Rochelle, les Sables-d'Olonne,
les ports de la Bretagne et l'Ita-
lie.

2° Eau douce, Ecrevisses.

Aloses .... Arcachon, La Rochelle, Libourne,
embouchures : de la Gironde,
de la Dordogne, de la Garonne,
de la Loire ; Belgique et Hollande.

Anguilles .... des Landes, de la Seine, de la
Somme, de la Picardie, d'Arles,
de Cette, de Corse, d'Italie,
d'Alsace, de Hollande.

Barbillons .... de la Seine, de la Loire-Inférieure,
de la Nièvre, d'Alsace.

Carpes .... du Rhône, de Saône-et-Loire, de
l'Allier, de l'Indre, du Cher, du
Loiret, du Loir-et-Cher, de la
Sologne, de la Mayenne, de la
Seine, de la Somme, de la
Meuse, de la Côte-d'Or.

Ecrevisses .... de Russie, d'Allemagne (1).

Eperlans .... de la Seine, de Hollande.

Goujons .... de la Seine, de la Loire, de la
Nièvre, de la Côte-d'Or, de l'Al-
sace.

Grenouilles .... de Seine-et-Oise, de la Seine-Inférieure, des Côtes-du-Nord, de
la Belgique, de la Vendée.

---

(1) La production allemande est très faible. Les 8/10 proviennent
de Russie.

Perches, Tanches...... de la Nièvre, de la Loire, de la Seine, de la Somme.

Saumons .... de la Dordogne, de la Loire, de la Seine, d'Ecosse, d'Angleterre, de la Hollande, de la Prusse.

Truites (saumonées).... d'Ecosse, d'Angleterre, d'Allemagne, de la Suisse.

Truites (franches de rivières) .... Régions des Alpes et des Pyrénées, de la Bretagne, de l'Allemagne.

Truites (de pisciculture).............. Etablissements d'élevage dans presque toute la France, créés depuis dix ans environ.

3° Moules, Coquillages, Escargots.

Moules et Coquillages.. Brest, Lannion, Le Tréport, Mers, Honfleur, Boulogne, Berck, La Hollande.

Hénons .... Le Crotoy, Etaples, Berck, La Hollande.

Escargots (gros blancs). Var, Basses-Alpes, Hautes-Alpes, Savoie, Haute-Savoie, Drôme, Haute-Saône, Jura, Doubs, Meuse, Aisne, Somme, Seine-et-Oise, Seine-Inférieure, Sarthe, Maine-et-Loire, Puy-de-Dôme, de la Suisse, de l'Allemagne, d'Autriche, d'Italie.

Escargots (petits gris).. Algérie, Bouches-du-Rhône, Vaucluse, Maine-et-Loire, Seine-et-Oise, Somme, Seine-Inférieure, Morbihan, Manche, Calvados.

Produit des opérations
effectuées à la vente en gros du poisson

ANNÉES	PRODUIT TOTAL DES VENTES	MARÉE	EAU DOUCE	MOULES ET COQUILLAGES
	fr. c.	fr. c.	fr. c.	
1879	23.325.422 50	20.946.755 50	2.378.667 »	NOTA : De 1879 à
1880	23.822.323 65	21.497.972 15	2.324.351 50	1896 inclus, le pro-
1881	25.813.933 30	24.053.697 55	1.760.235 75	duit de la vente des
1882	26.482.068 »	24.200.152 10	2.280.915 90	moules et des co-
1883	27.852.274 05	25.306.986 20	2.545.287 85	quillages a été joint
1884	26.221.861 05	23.618.850 55	2.603.010 50	au produit de la
1885	26.417.673 05	23.832.686 60	2.584.986 45	vente de la marée
1886	24.552.589 55	23.102.932 65	1.449.656 90	proprement dite.
1887	25.921.905 20	24.200.489 25	1.721.415 95	
1888	23.714.691 80	21.913 968 80	1.800.723 »	
1889	25.679.767 95	23.778.487 60	1.901.280 35	
1890	24.914.787 95	23 128.046 55	1.786.741 40	
1891	24.246.591 55	22.426.921 75	1.819.669 80	
1892	23.871.392 25	22.164.465 75	1.706.926 50	
1893	23.909.491 95	22.115.950 80	1.793.544 15	
1894	24.104.878 25	22.167.219 55	1.937.658 70	
1895	24.823.758 41	23.093.273 31	1.730 485 10	
1896	25.351.724 85	23.796.658 85	1.555.066 »	fr. c.
1897	25.144.293 90	20.458.648 20	1.970.525 10	2.715.120 60
1898	26 444.871 66	21.075.131 06	2.180.540 10	3 189.200 50
1899	27.287.497 95	21.870.796 10	2.201.600 15	3.215.101 70
1900	30.987.571 75	25.628.860 15	2.163.598 95	3.195.112 65
1901	29.568.006 49	23.459.082 14	2.345 066 60	3.763.857 75

ANNÉES	PRODUIT TOTAL des VENTES	DÉTAIL DU PRODUIT DES VENTES							
		MARÉE FRAICHE	POISSON FUMÉ	POISSON SALÉ	EAU DOUCE	MOULES ET COQUILLAGES	ESCARGOTS	HUITRES (1)	ÉCREVISSES
	fr. c.	fr. c.	fr. c.	fr. c.	fr. c.	fr. c.	fr. c.	fr. c.	fr c.
1902	31.073.110 65	23.203.760 25	60.251 05	55.725 »	1.708.856 40	4.606.179 95	527.317 10	17.803 50	893.217 40
1903	30.542.259 90	22.177.580 45	55.502 35	38.668 55	2.065.830 95	4.537.716 15	510.057 35	44.033 35	1.112.870 75
1904	29.188.535 28	19.959.247 48	46.137 35	34.368 20	3.677.636 25	4.222.260 60	453.363 65	7.226 75	788.295 »
1905	30.707.370 30	20.986.330 85	42.103 20	18.411 75	3.729.721 20	4.706.179 50	460.029 65	5.642 15	758.952 »
1906	30.946.561 65	21.422.545 85	42.684 »	31.654 45	3.944.340 50	4.536.776 »	403.029 85	3.786 »	561.745 »
1907	32.826.388 20	22.306.246 50	63.127 45	7.280 10	4.780.027 »	4.821.464 20	333.951 10	3.346 »	530.945 85
1908	32.237.188 70	21.443.923 20	68.778 80	9.843 50	4.626.148 05	5.254.514 50	385.911 65	3.711 25	444.357 75
1909	32.795.660 25	22.624.605 55	49.623 »	21.433 »	4.343.099 85	4.742.245 25	565.737 90	6.997 75	441.917 95
1910	33.789.398 10	23.517.461 65	39.427 60	39.589 80	4.484.911 45	4.766.086 20	549.847 05	9.315 50	389.758 85
1911	34.144.545 80	23.956.262 75	36.834 60	10.059 70	4.178.278 »	5.194.659 10	438.460 45	7.045 »	322.946 20
1912	36.858.291 75	26.823.676 74	69.788 »	11.343 »	4.008.771 55	5.222.834 76	436.309 30	5.030 »	280.538 40
1913	37.563.887 95	29.079.529 95	106.567 70	12.634 75	3.862.187 15	3.788.262 »	413.129 80	3.209 75	298.366 85

(1) Produit de la vente de quelques colis d'huîtres seulement introduits exceptionnellement à la vente en gros du poisson. (Voir le marché spécial des huîtres).

Prix moyen en gros du poisson salé à Paris (de 1852 à 1873)

ESPÈCES	AVANT 1859	EN 1854
Morue en tonne (la tonne du poids net de 120 kilogs).	55 à 60 f.	60 à 65 f.
La grosse morue	»	70 à 72
Morue sèche, dite merluche (les 100 kilogs) . .	»	36
Harengs blancs (le baril de 110 kilogs).	55 à 56	70
Harengs saurs demi-prêts (le baril de 70 kilogs). .	40 à 46	50 à 52
Harengs francs-saurs (le baril de 1,010 poissons) .	50 à 60	70 à 72
Maquereaux (le baril de 100 kilogs)	30 à 34	36 à 40
Saumons (la gonne de 170 à 180 kilogs)	»	110 à 110

ESPÈCES	EN 1872
Morue en tonne (la tonne de 120 kilogs)	95 à 100 fr.
Morue sèche (les 100 kilogs)	80
Harengs blancs (le baril de 110 kilogs)	60 à 70
Harengs saurs (la feuillette de 12 kilogs)	8 à 10
Maquereaux (le baril de 30 kilogs)	13 à 15
Saumons (la gonne de 135 kilogs)	200

Prix en gros du poisson mariné à Paris (en 1854 et 1872)

ESPÈCES	EN 1854	EN 1872
Sardines confites à l'huile . . .	2 fr. 25 le kilog	2 fr. 50 la boîte de 1 kilog 1 fr. 25 la 1/2 b. de 500 gr. 0 fr. 60 le 1/4 » 125 »
Thon mariné	3 fr. 25 »	3 fr. à 3 fr. 20 le kilog
Anchois conservés à la saumure.	2 fr. 20 »	2 fr. 80 »
Huîtres marinées	» »	1 fr. 60 »

Prix moyens, par espèce, du poisson de mer vendu en gros aux Halles de 1846 à 1873

ESPÈCES	MODE DE VENTE	Année 1846	Année 1851	Année 1856	Année 1861	Année 1866	Année 1872	Année 1873
		fr. c.	fr. c.	fr. c.	fr. c.	fr. c.	fr. c.	fr. c.
Aigles	la pièce	»	»	12.58	11 38	11.29	14.58	8.96
Anges	»	6.35	4.91	5.28	5.51	5.64	6.38	6.66
Barbues . . .	la manne de 3 à 4 pièces	14.71	12 98	19.23	19.71	24.03	16 25	14.30
Bars	les 2	12.73	10.24	11.54	10.92	13.19	11.59	8.98
Crevettes grises.	les 8 kgs	2.83	2.42	3.13	3.54	4.05	4.22	4.86
Esturgeons . .	la pièce	21.97	22.13	17.31	16.85	19.23	29.51	43.21
Flétons. . . .	»	21.18	16.94	13.80	13.76	24.37	»	9.76
Harengs . . .	la manne de 120 à 150 p.	5.16	6.32	5.55	7.21	7.37	8. »	9.29
Harengs saurs	le cent	6.12	3.56	3.37	5.13	2.95	3.25	7.87
Homards. . .	les 2	6.36	4.79	4.15	4.41	4.97	5.10	5.14
Langoustes. .	»	8.68	6.52	7.83	6.40	9.13	9.08	8.68
Maquereaux .	la manne de 20 à 30 p.	10.90	9.56	11.57	13.18	13.81	16.40	14.58
Moules. . . .	la manne de 32 kgs	3.67	2.42	2.67	2.92	3.36	3.12	3.08
Mulets	les 2	5.25	5.60	5.24	5.17	5.79	7.91	6.60
Thons	la pièce	»	»	10. »	10.25	10.30	7.85	5.71
Turbots . . .	»	19.82	15.82	18.81	16.73	18.79	16.46	14.76

Prix moyen, par espèce, du poisson d'eau douce, vendu en gros aux Halles de 1846 à 1873

ESPÈCES	MODE DE VENTE	Année 1846	Année 1851	Année 1856	Année 1861	Année 1866	Année 1872	Année 1873
		fr. c.	fr. c.	fr. c.	fr. c.	fr. c.	fr. c.	fr. c.
Aloses	les 2	6.23	5.29	5.13	5.08	7.59	7.73	4.76
Anguilles. . .	la pièce	2.22	2.11	2.43	2.61	2.42	2.50	1.93
Barbillons . .	le kilog	1.26	1.04	0.85	0.88	0.83	0.92	0.70
Brêmes. . .	d°	0.92	0.75	0.69	0.65	0.71	0.71	0.48
Brochets . . .	la pièce	4.72	4.58	5.18	5.90	7.11	4.64	4.73
Carpes	le kilog	1.10	1.19	0.97	1.16	1.18	1.30	1.37
Eperlans . . .	la manne de 150 à 200 p.	3.95	4.92	4.28	3.14	4.94	»	»
Goujons . . .	le panier de 3 kilogs	9.62	7.98	6.82	8.90	7.23	4.07	4.41
Perches . . .	le kilog	1.32	0.98	0 75	0.67	0.82	0.80	0.67
Poissons blancs.	d°	0.84	0.77	0.60	0.76	0.66	0.39	0.28
Saumons . . .	la pièce	29.03	35.90	31.72	39.50	42.13	35.21	40.11
Tanches . . .	le kilog	1.27	1.14	0.79	0.81	0.94	0.87	0.64
Ecrevisses pattes blanches	le cent	3.62	2.72	2.48	2.37	2.75	3.79	2.12
Ecrevisses pattes rouges.	le cent	17.90	18.06	23.26	14.10	16.27	11.43	10.02
Grenouilles. .	la baguette	»	»	»	»	0.47	0.52	0.45
Escargots. . .	le cent	»	»	»	»	0.97	1.54	0.76

Prix moyen du kilogramme de quelques espèces de poisson de 1880 à 1887

Poissons de mer

DÉSIGNATION DES ESPÈCES	Année 1880	Année 1881	Année 1882	Année 1883	Année 1884	Année 1885	Année 1886	Année 1887
	fr. c.	fr. c.	fr. c.	fr. c.	fr. c.	fr. c.	fr. c.	fr. c.
Langoustes, homards.	3 »	3.26	4.20	4.44	2.67	2.97	2.96	2.80
Turbots, barbues . .	2.10	2.22	2.57	3.81	2.33	2.59	2.25	2.05
Bars	2 »	2.15	2.28	3.02	2.40	2.47	2.80	2.85
Mulets							2.42	2.18
Soles	2.80	3. »	4.25	3.97	2.54	2.70	2.74	2.78
Rougets-barbets . . .	»	»	»	»	»	2.84	2 99	2.90
Raies	».40	».45	».58	».73	».69	».66	».60	».55
Thons.	2. »	2.10	» 82	».79	».88	».70	».85	».75
Cabillauds, colins . .	».45	».46	».55	».72	» 83	».90	».85	».82
Brêmes							».94	1.05
Grondins	».60	».63	».83	».79	».82	».86	».81	».80
Chiens.	».52	».54	».65	».63	».73	».70	».34	».31
Congres							».85	».82
Limandes, carrelets, flets . .	».48	» 50	».52	».82	».86	».94	».98	».95
Maquereaux	».65	».80	».83	».98	1.26	1.21	1.21	1.18
Merlans.	».62	».58	».57	».85	1. »	».85	1. »	».98
Vives							».66	».66
Harengs.	».50	».55	».67	» 59	».76	» 60	».54	».49
Sardines.	1.72	1.75	1.98	1.72	1.42	1.36	1.32	1.28
Crevettes salicoques .	19.10	20.50	21.20	13.70	6.67	6.28	6.49	7.35
Crevettes grises . . .	».59	».65	».82	».91	».90	1.18	».84	».80
Moules (Le sac de 100 kil.)	»	»	»	»	»	9.58	9.63	9.70

Prix moyen du kilogramme de quelques espèces de poisson de 1880 à 1887

Poisson d'eau douce

DÉSIGNATION DES ESPÈCES	Année 1880	Année 1881	Année 1882	Année 1883	Année 1884	Année 1885	Année 1886	Année 1887
	fr. c.	fr. c.	fr. c.	fr. c.	fr. c.	fr. c.	fr. c.	fr. c.
Bécarts, ombres-chevaliers	»	»	»	»	»	2.75	3.50	3.20
Saumons	6 25	6. »	5.67	5.11	4.63	4.31	4.77	4.55
Truites	5.90	5.75	5.98	6.04	5.23	4.97	5.07	4.90
Anguilles	2.48	2.50	2.37	2.14	2.45	2.49	2.47	2.46
Barbillons.	1.49	1.50	1.08	1.13	0.95	1.60	1.78	1.60
Brochets.	2. »	2.27	2.35	2.20	1.70	1.74	1.88	1.76
Carpes	1. »	1.05	1.28	1.17	1.18	1.55	1.90	1.70
Tanches.	»	»	»	»	»	1.65	1.81	1.76
Goujons.	9. »	9.90	6.90	6.30	4.42	4.36	3.91	3.62
Eperlans	1.10	1 20	1.05	1 13	1.07	1.15	».81	».80
Ecrevisses grosses (le panier de 25). . . .	»	»	»	»	3.95	4.14	4.13	4.05
Ecrevisses moyennes et petites (le panier de 60 à 70).	»	»	»	»	2.55	2.84	3.08	2.96
Escargots	»	»	»	»	»	».78	».99	».98

Prix maximum et minimum des poissons de mer
(de 1888 à 1892)

DÉSIGNATION DES ESPÈCES	PRIX EN 1888		PRIX EN 1889		PRIX EN 1890		PRIX EN 1891		PRIX EN 1892	
	Maxim.	Minim.	Maxim.	Minim.	Maxim.	Minim.	Maxim.	Minim.	Maxim.	Minim.
Le kilog.	fr. c.	fr. c.	fr. c.	fr. c.	fr. c.	fr. c.	fr. c.	fr. c.	fr. c.	fr. c.
Homards.	3.30	2.63	3.31	2.45	2.80	2.10	2.63	1.89	2.60	1.84
Langoustes					3.68	2.33	3.77	3.05	3.60	2.92
Turbots, Barbues. . . .	2.45	1.88	2.63	2.09	2.67	2.03	3.07	2.04	2.94	1.94
Bars	3.30	2.56	3.34	2.72	3.56	2.83	4.19	2.97	4.35	2.92
Mulets.	2.70	2.08	3.00	2.47	2.90	2.29	3.14	2.30	3.34	2.21
Soles.	3.05	2.25	3.20	2.60	3.40	2.80	3.56	2.63	3.76	2.71
Rougets-barbets	3.29	2.43	3.49	2.75	3.82	2.92	3.93	2.90	3.96	2.76
Raies	0.65	0.54	0.67	0.57	0.70	0.55	0.72	0.53	0.71	0.50
Thons	0.98	0.82	0.86	0.73	0.94	0.79	1.01	0.74	0.87	0.65
Cabillauds, Colins . . .	0.81	0.69	0.79	0.68	0.80	0.63	0.80	0.56	0.82	0.54
Brêmes.	1.16	0.91	1.12	0.92	1.20	0.95	1.57	1.05	1.66	1.15
Grondins.	0.89	0.76	0.88	0.74	0.90	0.72	0.89	0.69	0.88	0.66
Chiens.	0.35	0.27	0.36	0.29	0.42	0.34	0.45	0.34	0.40	0.29
Congres	0.94	0.83	0.94	0.80	0.95	0.75	1.02	0.76	1.03	0.73
Limandes, Carrelets, Flets.	0.82	0.64	0.78	0.66	0.87	0.62	0.89	0.56	0.93	0.55
Maquereaux	1.35	1.12	1.37	1.13	1.44	0.99	1.49	1.06	2.13	1.47
Merlans	1.09	0.88	1.08	0.88	1.15	0.90	1.28	0.93	1.28	0.86
Vives	0.76	0.65	0.77	0.66	0.77	0.64	0.73	0.60	0.75	0.61
Harengs.	0.63	0.53	0.63	0.53	0.72	0.56	0.76	0.59	0.55	0.42
Sardines.	1.42	1.05	1.32	0.80	2.32	1.60	2.49	1.81	3.13	2.14
Crevettes salicoques. .	12.82	5.14	17.92	6.79	17.20	4.56	23.81	5.17	19.07	3.49
Crevettes grises	0.98	0.66	1.06	0.66	1.19	0.77	1.25	0.70	1.49	0.62
Maquereaux (la pièce).	»	»	»	»	»	»	»	»	0.44	0.13
Harengs. . . (le cent).	»	»	»	»	»	»	»	»	9.03	6.94
Moules et Coquillages (le sac de 100 kilos). .	10.16	8.35	9.03	7.25	9.63	7.83	10.30	8.61	10.10	7.92

Prix maximum et minimum des poissons d'eau douce
(de 1888 à 1892)

DÉSIGNATION DES ESPÈCES	PRIX EN 1888		PRIX EN 1889		PRIX EN 1890		PRIX EN 1891		PRIX EN 1892	
	Maxim.	Minim.	Maxim.	Minim.	Maxim.	Minim.	Maxim.	Minim.	Maxim.	Minim.
Le kilog.	fr. c.	fr. c.	fr. c.	fr. c.	fr. c.	fr. c.	fr. c.	fr. c.	fr. c.	fr. c.
Bécarts, Ombres-chevaliers	3.62	2.96	4.61	3.79	4.46	3.39	4.16	3.08	4.74	3.01
Saumons.	5.63	4.05	5.54	4.04	6.13	4.94	6.04	3.64	5.92	3.45
Truites.	6.33	4.12	7.30	4.33	7.49	4.46	6.82	3.60	7.73	3.28
Anguilles	3.14	2.03	3.49	2.37	3.04	2.11	3.27	2.06	3.10	1.64
Barbillons	1.66	1.27	1.39	1.10	1.66	1.23	1.72	1.37	1.65	0.98
Brochets.	2.06	1.11	2.06	1.18	2.33	1.53	2.56	1.34	2.31	1.11
Carpes.	1.82	1.11	1.73	1.05	1.57	1.07	1.82	1.10	1.82	0.97
Tanches	1.90	1.23	1.67	1.19	1.63	1.03	1.88	1.15	1.81	0.96
Goujons	4.18	3.26	4.61	3.79	4.41	3.45	5.20	3.58	3.85	2.54
Eperlans.	0.83	0.65	0.72	0.53	0.85	0.59	1.41	0.72	1.15	0.46
Aloses . . . (la pièce).	»	»	»	»	»	»	»	»	3.09	1.49
Ecrevisses (grosses, le panier de 18 à 25).	4. 19	3.70	4.48	3.73	4.72	3.83	4.47	3.52	3.88	3.09
Ecrevisses (moyennes et petites, le panier de 30 à 60).	3.61	3.00	3.82	3.00	3.54	2.51	3.43	2.67	2.72	1.95
Escargots . . (le cent).	1.39	0.73	1.33	0.75	1.49	0.48	1.45	0.39	1.42	0.54

Prix maximum et minimum des poissons de mer
(de 1893 à 1897)

DÉSIGNATION DES ESPÈCES	PRIX EN 1893		PRIX EN 1894		PRIX EN 1895		PRIX EN 1896		PRIX EN 1897	
	Maxim.	Minim.	Maxim.	Minim.	Maxim.	Minim.	Maxim.	Minim.	Maxim.	Minim.
	fr. c	fr. c.	fr. c.	fr. c.	fr. c.	fr. c.	fr. c.	fr. c.	fr. c.	fr. c.
Bars . . . . (le kilog).	4.18	2.67	4.45	2.80	3.97	2.60	4.16	2.64	4.38	2.45
Brêmes . . —	1.41	0.95	1.51	1. »	1.55	1.13	1.44	1.04	1.52	0.97
Cabillauds, Colins . . .	0.86	0.54	0.97	0.53	1.03	0.64	0.92	0.57	1.16	0.53
Chiens.	0.26	0.19	0.25	0.18	0.26	0.19	0.27	0.18	0.19	0 11
Congres	0.98	0.70	0.99	0.73	1.03	0.76	0 88	0.63	0.95	0.58
Crevettes salicoques. .	19.02	3.25	17.01	3.50	21.85	5.65	20.49	3.94	13.08	3.27
— grises. . . .	1.17	0.77	0.98	0.58	1.45	0.99	0.94	0.62	1.21	0.79
Grondins.	0.85	0.62	0.93	0.67	0.98	0.65	0.91	0.67	0.98	0.61
Harengs. . (le kilog).	0.67	0.50	0.71	0.55	0.63	0.47	0.58	0.43	»	»
Harengs. . . (le cent).	7.37	5.58	7.18	5.72	6.55	5.16	5.89	4.31	7.08	4.83
Homards. . (le kilog).	2.37	1.87	2.54	1.90	2.84	1.92	2.42	1.73	3.22	2. »
Langoustes	3.29	2.55	3.39	2.64	3.55	2.60	3.52	2.74	4.26	3.04
Limandes, Carrelets, Flets.	0.96	0.51	1.18	0.55	1.37	0.56	1.27	0.53	1.22	0.39
Maquereaux (la pièce).	0.60	0.22	0.56	0.26	0.57	0.20	0.52	0.21	0.49	0.15
Maquereaux (le kilog).	1.75	0.75	1.66	0.76	1.69	1.25	1.54	0.90	»	»
Merlans	1.31	0.83	1.36	0.86	1.43	0.97	1.12	0.75	1.29	0.66
Mulets.	3.31	2.07	3.42	2.25	3.26	2.12	3.49	2.23	3.47	1.91
Raies	0.70	0.50	0.76	0.51	0.79	0.54	0.75	0.52	0.78	0.52
Rougets-barbets. . . .	4. »	2.71	3.37	2.45	3.36	2.42	3.35	2.53	3.65	2.22
Sardines	2.87	1.84	1.60	0.76	1.62	0.98	4.88 (le cent)	2.05 (le cent)	4.39 (le cent)	1.91 (le cent)
Soles.	3.65	2.44	3.72	2.49	3.73	2.59	3.87	2.50	4.11	2.10
Thons	0.82	0.64	0.84	0.66	0.92	0.73	0.88	0.70	0.85	0.64
Turbots, Barbues . . .	2.97	1.91	3.19	2.07	3.08	1.89	2.95	1.92	3.39	1.65
Vives	0.69	0.56	0.71	0.57	0.73	0.61	0.64	0.55	0.66	0.52
Moules et Coquillages (le sac de 90 kilogs) .	10.43	8.27	9.45	8.14	9.86	8.61	7.56	6.36	8.47	6.66

Prix maximum et minimum des poissons d'eau douce
(de 1893 à 1897)

DÉSIGNATION DES ESPÈCES	PRIX EN 1893		PRIX EN 1894		PRIX EN 1895		PRIX EN 1896		PRIX EN 1897	
	Maxim.	Minim.	Maxim.	Minim.	Maxim.	Minim.	Maxim.	Minim.	Maxim.	Minim.
	fr. c.	fr. c.	fr. c	fr. c.	fr. c.	fr. c.	fr. c.	fr. c.	fr. c.	fr. c.
Aloses . . . (la pièce).	2.59	1.53	2.97	1.55	3.14	1.82	2.89	2.18	2.67	1.21
Anguilles. . (le kilog).	3.27	1.89	3.13	1.99	3.04	1.88	2.70	1.43	2.83	1.12
Barbillons . —	1.42	0.95	1.96	1.38	1.62	1.01	1.50	0.97	1.45	0.88
Bécarts , Ombres-chevaliers. . (le kilog).	4.75	3.10	4.71	2.43	4.10	3.10	5.57	3.74	5.08	3.81
Brochets . . —	2.14	0.84	2.23	1.25	2.08	1.20	1.95	1.11	2.26	1.12
Carpes. . . —	1.77	0.92	1.93	1.10	2.15	1.23	1.89	1.16	1.99	1.03
Eperlans. . —	1.14	0.53	1.05	0.58	0.95	0.53	0.89	0.56	1.43	0.87
Goujons . . —	3.27	2.10	4.19	2.86	4.15	2.81	3.44	2.51	3.90	2.58
Saumons. . —	6.24	3.57	6.27	3.61	5.69	3.90	5.43	3.68	6.10	4.08
Tanches . . —	1.73	0.81	2.03	1.28	2.05	1.18	1.67	1.01	1.85	0.89
Truites . . —	7.53	3.27	7.51	3.34	7.84	3.37	7.50	4.08	7.49	3.83
Ecrevisses grosses (le panier de 18 à 25) . .	4.19	3.27	3.88	2.97	3.97	3.19	3.93	3.12	3.92	3.13
Ecrevisses moyennes et petites (le panier de 30 à 60).	3.20	2.41	2.99	2.26	3.09	2.39	2.86	2.31	3.16	2.50
Escargots . . (le cent).	1.86	0.79	1.73	0.50	1.51	0.39	1.03	0.27	1.25	0.19

Prix maximum et minimum des Poissons de mer
(de 1898 à 1901)

DÉSIGNATION DES ESPÈCES	PRIX en 1898		PRIX en 1899		PRIX en 1900		PRIX en 1901	
	Maxim.	Minim.	Maxim.	Minim.	Maxim.	Minim.	Maxim.	Minim.
	fr. c.	fr. c.	fr. c.	fr. c.	fr. c,	fr. c.	fr. c.	fr. c.
Bars . . . . (le kilog).	4.12	1.94	4.10	2.04	4.47	2.16	4.37	1.99
Brêmes. . . . . . (la pièce).	1.44	0.63	1.37	0.56	1.56	0.57	1.66	0.35
Cabillauds, colins (le kilog).	0.60	0.33	0.54	0.34	0.71	0.43	0.56	0.32
Chiens . . . . . . (la manne).	»	»	»	»	»	»	»	»
Congres . . . . . (le kilog).	0.79	0.46	0.93	0.59	1.06	0.62	0.97	0.51
Crevettes salicoques. —	14.79	3.86	16.13	4.43	15.88	3.53	16.36	3.41
— grises . . . —	1.22	0.70	1.23	0.75	1.38	0.86	1.35	0.89
Grondins . . . . . . —	1.01	0.56	0.93	0.57	0.96	0.61	0.89	0.49
Harengs. . . . . . (le cent).	5.98	3.27	5.92	3.62	7.15	3.61	7.78	4.04
Homards. . . . . (le kilog).	2.92	1.44	3.88	1.97	4.51	2.28	4.62	2.23
Langoustes . . . —	3.42	2.03	4.08	2.25	4.48	2.71	4.93	2.88
Limandes . . . . (la caisse).	3.81	0.93	5.40	1.15	6.03	1.45	5.85	1.20
Maquereaux . . . (la pièce).	0.48	0.16	0.51	0.15	0.61	0.19	0.59	0.18
Merlans . . . . . (le kilog).	1.80	0.75	1.48	0.74	1.79	0.86	1.55 la cais.	0.62 la cais.
Mulets . . . . . . —	3.20	1.56	3.13	1.40	3.48	1.48	3.17	1.22
Raies. . . . . . . (la pièce).	8.45	2.12	8.98	2.90	9.74	2.13	9.56	1.82
Rougets-Barbets . (le kilog).	3.60	1.73	3.46	2.05	4.25	2.07	3.96	1.89
Sardines . . . . . (la caisse).	3.36	1.39	3.26	1.54	4.44	2.01	4.51 (le cent)	2.23 (le cent)
Soles. . . . . . . (le kilog).	4.29	1.98	4.61	1.93	4.89	1.95	4.60	1.60
Thons . . . . . . (la pièce).	5.41	2.83	5.94	2.06	6.25	1.67	5.87	1.94
Turbots, barbues. (le kilog).	3.23	1.50	3.52	1.76	3.79	1.90	3.70	1.65
Vives. . . . . . . (la caisse).	2.62	1.36	2.23	1.35	2.55	1.60	2.49	1.59
Moules et coquillages. . . (le sac 100 kilog).	9.47	7.05	9.24	7.46	9.36	7.73	9.81	7.23

Prix maximum et minimum des poissons d'eau douce
(de 1898 à 1901)

DÉSIGNATION DES ESPÈCES	PRIX en 1898		PRIX en 1899		PRIX en 1900		PRIX en 1901	
	Maxim.	Minim.	Maxim.	Minim.	Maxim	Minim.	Maxim.	Minim.
	fr. c.	fr. c.	fr. c.	fr. c.	fr. c.	fr. c.	fr. c.	fr. c.
Aloses . . . . . . (la pièce).	3.14	1.48	2.86	1.46	2.84	1.44	3.38	1.81
Anguilles . . . . (le kilog).	3.41	1.62	3.55	1.79	3.52	1.73	3.65	1.51
Barbillons . . . . —	1.59	0.94	1.69	1.13	1.79	1.27	1 65	1.13
Bécarts et Ombres-chevaliers . . . —	3.50	2. »	9.18	6.10	»	»	»	»
Brochets . . . . . —	2.45	1 33	2.68	1.37	2.78	1.49	2.84	1.35
Carpes . . . . . . —	2.10	1.12	2.19	1.06	2.29	1.13	2.39	1.08
Eperlans . . . . . —	1.33	0.60	1.03	0.62	0.84	0 57	1.12 la cais.	0.54 la cais.
Goujons . . . . . —	4. »	2.42	3.71	2.32	3.53	2.19	3.78	1.94
Saumons . . . . . —	6.47	3.61	7.52	4.71	7.84	4.33	7.35	3.80
Tanches . . . . . —	2. »	1.04	1.99	0.98	1.98	1.06	1.83	0.97
Truites . . . . . . —	8.37	3.62	8.77	4.04	9.01	3.66	8.60	2.49
Écrevisses, pattes blanches . . . (le colis d'origine)	»	»	»	»	»	»	»	»
Ecrevisses, pattes rouges . . . (le colis d'origine)	21.15	6. »	25.28	7.91	28.24	7.78	25.38	6.34
Escargots . . . . . (le mille).	15.19	1.33	15.19	1.83	17.23	2 94	23.24	2.47

Poisson de mer. — Cours moyens de 1902 à 1913

DÉSIGNATION DES POISSONS DE MER	MODE DE VENTE	Année 1902	Année 1903	Année 1904	Année 1905	Année 1906	Année 1907	Année 1908	Année 1909	Année 1910	Année 1911	Année 1912	Année 1913
		fr. c.	fr. c.	fr. c.	fr. c.	fr. c.	fr. c.	fr. c.	fr. c.	fr. c.	fr. c.	fr. c.	fr. c.
Aigles	le kilog	1.40	1.30	1. »	1.05	1.10	».90	».80	».81	».85	1.09	».99	».89
Anges de mer	la pièce	2.80	2.65	2.40	2.70	2.90	2.50	2.27	2.12	2.08	2.15	2.51	2.57
Barbues	le kilog	2.45	2.35	2.35	2.30	2.50	2.25	2.43	2.36	2.42	2.35	2.20	2.25
Bars	—	3.20	3.15	3. »	2.90	3.15	3.20	3.26	3.28	3.44	3.25	3.44	3.58
Cabillauds	—	».40	».40	».45	».45	».55	» 45	».44	».39	».37	».38	».51	».47
Carrelets	la caisse	1.70	1.70	2.20	2.25	2.50	2.30	2.19	2.12	2.24	2.31	2.47	2.83
Carrelets	le kilog	».50	».50	».55	».50	».65	».55	».55	».55	».55	».51	».59	».63
Chiens	la pièce	».90	1.05	1.10	1.40	1.50	1.70	1.59	1.54	1.56	1.38	1.49	1.54
Colins	—	1.90	1.65	1.70	1.60	1.50	2. »	2.12	2.21	2.23	».71 (le kil.)	».81 (le kil.)	».78 (le kil.)
Congres	le kilog	».45	».60	».50	».50	».55	».55	».54	».62	».63	».59	».57	».57
Crabes	—	».60	».55	».35	».50	2.90 (le cent)	3.20 (le cent)	3.03 (le cent)	3.12 (le cent)	3.48 (le cent)	».77	».57	».55
Crevettes grises	—	1.10	».95	1.05	1.10	1.25	1. »	».98	».95	».97	».92	1.03	1.06
Eglefins	la pièce	1.25	1.10	».70	».90	».95	1.35	1.36	1.30	1.11	».34 (le kil.)	».45 (le kil.)	».47 (le kil.)
Elingues	—	1.50	1.45	1.40	1.05	1.20	1.65	1.63	1.55	1.50	».27 (le kil.)	».30 (le kil.)	».31 (le kil.)
Equilles	le kilog	».60	».70	».65	».60	».55	».55	».58	».57	».56	».53	».57	».58
Esturgeons	—	1.15	1.25	1.20	1.15	1.25	1.45	1.54	1.61	1.78	1.67	2.10	1.77
Flets	la caisse	1.25	1.50	1.45	1.50	1.65	1.40	1.40	1.40	1.41	1.46	1.71	1.63
Grondins	le kilog	».55	».55	».55	».55	».60	».70	».68	».67	».74	».65	».76	».81
Harengs	le cent	6.70	6. »	6. »	5.60	5.30	4.45	4.29	4.31	4.58	6.33	8.43	8.53
Homards	le kilog	3.30	3.15	3.30	3.15	3.70	3.25	3.22	3.13	3.35	3.33	3.61	3.75
Langoustes	—	3.35	3.40	3.15	2.90	3.10	3.30	3.84	3.89	3.89	3 89	4.14	4.43
Langoustines	—	2.70	2.15	2.20	2.55	2.95	2.30	2.07	1.57	1.56	1.60	1.68	1.54
Limandes	la caisse	3.70	3.40	3.70	3.50	3.80	3.55	3.55	3.53	3.48	3.39	3.82	4.09
Limandes	le kilog	».90	».75	».65	».60	».65	».70	».71	».70	».73	».75	».79	».86
Limandes soles	—	1.40	1.35	1.25	1.30	1.25	1.50	1.40	1.40	1.27	1.13	1.27	1.45
Lottes	—	».60	».55	».60	».60	».65	».65	».74	».74	0.76	».67	».75	».77
Maquereaux français	le cent	34. »	31.65	28. »	24. »	23. »	23.15	22.72	22.81	22.66	20.51	24.37	20.53

Poisson de mer. — Cours moyens de 1902 à 1913 (*Suite*)

DÉSIGNATION DES POISSONS DE MER	MODE DE VENTE	Année 1902	Année 1903	Année 1904	Année 1905	Année 1906	Année 1907	Année 1908	Année 1909	Année 1910	Année 1911	Année 1912	Année 1913
		fr. c.	fr. c.	fr. c.	fr. c.	fr. c.	fr. c.	fr. c	fr. c.	fr. c.	fr. c.	fr. c.	fr. c.
Maquereaux Dieppe	le cent	9. »	10.30	9.45	8.85	8.80	8. »	7.77	7.83	8.41	8.41	9.34	8.64
Merlans	la caisse	3.40	2.75	2.65	2.60	2.90	2.70	3.36	3.33	3.08	2.75	3.32	3.43
Merlans	le kilog	».75	».70	».70	».75	».85	».80	».89	».93	».93	».79	».80	».93
Merluches	la caisse	1.10	1.30	1. »	1.10	1.30	1.60	1.55	1.35	1.58	1.27	1.71	1.70
Mulets	le kilog	2.25	2.10	2. »	2.10	2.20	2.15	2.23	2.20	2.33	2.06	2.21	2.40
Œillets	—	».20	».20	».20	».25	».30	».25	».23	».22	».19	».27	».19	».19
Prêtres	—	».45	».45	».35	».40	».45	».45	».47	».47	».56	» 50	».60	».52
Pucelles	la pièce	».25	».50	».35	».30	».30	».35	».41	».28	».30	» 47	».52	».69
											(le kil.)	(le kil.)	(le kil.)
Raies douces	—	7.10	6.25	5.55	5.20	5.80	6.25	6.25	6.24	6.25	6.27	6.86	7.22
Raies couillardes	—	4.60	4.20	4. »	3.70	4. »	4. »	4.09	4.08	4.12	4.22	4.72	4.93
Raies bouclées	—	2.40	2.15	2.30	2.35	2.55	2.40	2.46	2.48	2.50	2.50	3.02	2.89
Rougets-barbets	le kilog	2.65	2.25	2.45	2.35	2.25	2.25	2.44	2.46	2.54	2.73	2.49	2.83
Rougets-grondins	—	».55	».55	».60	».75	».80	».65	».60	».58	».55	» 52	» 59	».56
Saint-Pierre	la pièce	».80	».85	».85	».75	».85	».85	».93	1. »	1.08	».70	» 82	».73
											(le kil.)	(le kil.)	(le kil.)
Salicoques	le kilog	11. »	10.25	7. »	7. »	6.85	6.55	6.56	6.87	7. »	5.39	6.36	5.20
Sardines fraîches	la caisse	2.90	2.60	2.55	2.35	2.30	2.45	2.48	2.41	2.36	2.29	2.77	2.52
Sardines salées	le cent	2.90	3.95	3.80	3.60	3.90	4. »	4.36	3.97	3.40	5.01	5.41	5.41
Saumons français	le kilog	6.20	6.35	6.55	5.90	5.75	5.45	6.05	6.03	5.47	4.74	5.70	5.55
Saumons étrangers	—	5.75	6.10	4.75	5. »	5.50	4.70	4.79	4.75	4.81	4.78	5.14	5.18
Soles	—	3.40	3.15	2.90	2.75	3.25	3.10	3.27	3.40	3.50	3.29	3.40	3.71
Thons	la pièce	2.60	3.50	4.75	4.70	4.20	4. »	4.05	4.12	4. »	».76	1.49	1.28
											(le kil.)	(le kil.)	(le kil.)
Tires	—	14. »	13.85	12. »	11. »	11.90	12.55	12.41	12.66	12.58	».59	».68	».68
											(le kil.)	(le kil.)	(le kil.)
Tourteaux	—	».60	».75	».60	».55	».60	».60	».63	».57	».52	».46	».48	».48
Truites saumonées	le kilog	5.20	5.80	5. »	5. »	5.70	5.45	5.42	5.44	5.25	5.09	5.47	6.29
Truites frigorifiées	—	2.45	2.75	2.25	2.25	2.60	2.25	2.43	2.50	2.45	2.58	3.20	3. »
Turbots	—	2.30	2.20	2.15	2.25	2.80	2.40	2.55	2.34	2.37	2.22	2.15	2.18
Vives	la caisse	1.55	1.45	1.65	1.80	1.55	1.85	1.74	1.82	2.06	1.69	2.06	2.36

Poisson fumé et salé. — Cours moyens de 1902 à 1913

DÉSIGNATION DES ESPÈCES	MODE DE VENTE	ANNÉE 1902	ANNÉE 1903	ANNÉE 1904	ANNÉE 1905	ANNÉE 1906	ANNÉE 1907
		fr. c.	fr, c.	fr. c.	fr. c.	fr. c.	fr. c.
Harengs saurs.	la caisse	1.55	1.15	1.40	1.45	1.80	1.55
Morues salées.	le kilog	0.95	1.00	0.95	0.95	0.90	0.95

DÉSIGNATION DES ESPÈCES	MODE DE VENTE	ANNÉE 1908	ANNÉE 1909	ANNÉE 1910	ANNÉE 1911	ANNÉE 1912	ANNÉE 1913
		fr. c.	fr. c.	fr. c.	fr. c.	fr. c.	fr. c.
Harengs saurs.	la caisse	1.42	1.62	1.55	1.65	1.85	1.65
Morues salées.	le kilog	1.21	0.87	0.90	0.95	1.05	0.99

Poisson d'eau douce. — Cours moyens de 1902 à 1913

DÉSIGNATION DES POISSONS D'EAU DOUCE	MODE DE VENTE	Année 1902	Année 1903	Année 1904	Année 1905	Année 1906	Année 1907	Année 1908	Année 1909	Année 1910	Année 1911	Année 1912	Année 1913
		fr. c.	fr. c.	fr. c.	fr. c.	fr. c.	fr. c.	fr. c.	fr. c.	fr. c.	fr. c.	fr. c.	fr. c.
Aloses	la pièce	2.25	1.80	2.25	2.00	1.70	1.55	1.51	1.31	1.54	1.40	1.92	2.30
											le kilog	le kilog	le kilog
Anguilles { Seine	le kilog	2.90	2.85	2.70	2.50	2.75	2.80	2.82	2.62	2.56	2.50	2.69	2.89
Anguilles { Picardes	—	2.05	1.95	2.00	2.15	2.40	1.90	1.64	1.52	1.81	1.87	1.97	2.04
Anguilles { Mortes	—	1.95	2.05	1.65	1.65	1.90	1.90	1.85	1.73	1.86	1.80	1.93	2.07
Anguilles { Poulettes	—	1.00	0.80	0.85	0.85	0.95	0.90	0.85	0.90	0.98	0.79	0.87	0.91
Barbillons	—	1.25	1.40	1.35	1.25	1.60	1.50	1.54	1.49	1.56	1.37	1.42	1.54
Brêmes	—	0.50	0.45	0.45	0.45	0.50	0.60	0.62	0.65	0.70	0.70	0.72	0.79
Brochets	—	1.90	1.85	2.00	2.20	2.40	2.00	2.08	2.11	2.17	1.91	2.18	2.06
Carpes	—	1.60	1.60	1.60	1.65	1.90	1.70	1.74	1.65	1.77	1.10	1.12	1.26
Ecrevisses vivantes	le cent	15.00	12.90	14.00	13.25	16.50	14.85	15.12	14.50	14.17	13.67	16.50	16.31
Eperlans	la caisse	0.65	0.70	0.60	0.65	0.75	0.55	0.42	0.42	0.40	0.32	0.37	0.30
Goujons	le kilog	2.75	2.60	2.35	2.40	2.60	2.40	2.45	2.50	2.54	2.61	2.62	3.52
Grenouilles { grosses	la baguette de 12	0.75	0.70	0.75	0.70	0.80	0.70	0.66	0.65	0.71	0.71	0.57	0.69
Grenouilles { petites		0.25	0.20	0.15	0.20	0.20	0.15	0.17	0.19	0.17	0.16	0.23	0.21
Gardons	le kilog	0.55	0.55	0.60	0.55	0.65	0.55	0.59	0.60	0.54	0.70	0.75	0.76
Houtins	—	0.90	1.05	1.10	0.90	1.00	1.20	1.32	1.38	1.54	1.29	1.37	1.75
Perches	—	0.75	0.90	0.95	0.95	1.00	1.05	1.12	1.18	1.17	0.91	1.09	1.10
Poissons blancs (ablettes)	—	0.50	0.75	0.65	0.60	0.70	0.65	0.83	0.78	0.85	0.90	0.79	1.05
Tanches	—	1.50	1.40	1.50	1.40	1.50	1.50	1.54	1.48	1.72	1.81	1.61	1.79
Truites de rivière	—	6.00	5.15	5.55	5.20	6.00	4.85	4.65	4.60	4.75	4.64	4.93	4.96

Moules, coquillages, escargots. — Cours moyens de 1902 à 1913

DÉSIGNATION DES ESPÈCES	MODE DE VENTE	Année 1902	Année 1903	Année 1904	Année 1905	Année 1906	Année 1907	Année 1908	Année 1909	Année 1910	Année 1911	Année 1912	Année 1913
		fr. c.	fr. c.	fr. c.	fr. c.	fr. c.	fr. c.	fr. c.	fr. c.	fr. c.	fr. c.	fr. c.	fr. c.
Clovis	la caisse	2.45	2.25	2.20	1.60	1.80	2.10	2.10	1.72	1.71	1.70	1.75	1.75
Hénons.	le sac	1.00	1.05	1.00	1.00	1.10	1.10	1.21	1.25	1.25	1.23	1.24	1.25
Moules Belgique	—	8.80	9.20	8.75	9.25	8.80	9.20	9.02	8.22	8.30	7.98	7.54	7.28
— Divers	le panier	4.30	3.25	1.90	1.75	1.90	1.95	1.78	1.69	2.01	1.65	1.56	1.57
Ormeaux.	le cent	3.00	2.85	3.65	3.40	3 30	5.55	4.34	4.40	3.90	4.74	4.69	3.92
Saint-Jacques.	—	5.35	6.00	6.25	5.80	6.15	6.10	7.68	8.14	8.71	11.16	11.51	14.79
Vignaux	le kilog	0.30	0.30	0.30	0.25	0.30	0.30	0.30	0.30	0.25	0.25	0.25	0.25
Escargots bouchés gros. .	le mille	19.85	16.00	18.70	19.00	19.00	21.80	21.71	22.00	19.86	27.00	28.57	23.08
— coureurs gros. .	—	13.00	9.30	11.10	10.50	11.30	13.65	14.33	14.28	11.66	17.34	16.16	15.97
— gris petits . . .	—	3.35	2.80	2.85	2.80	2.75	3.30	4.03	4.00	3.25	3.40	4.30	3.79

Produit des droits d'abri encaissés par la Ville de Paris
à la vente en gros du poisson

ANNÉES	TOTAL DES SOMMES PERÇUES	POISSON, MOULES, COQUILLAGES		OBSERVATIONS
		Poisson et Escargots (1 fr. les 100 kilos)	Moules et Coquillages (0 fr. 10 les 100 kilos)	
	fr. c.	fr. c.	fr. c.	
1880	235.201.43	230.101.30	5.100.13	
1881	236.543.16	231.798.50	4.744.66	
1882	222.116.31	216.283.80	5.832.51	
1883	231.725.75	225.864.60	5.861.15	
1884	254.509.57	249.396.70	5.112.87	
1885	263.502.14	257.970. »	5.532.14	
1886	253.002.09	247.836.30	5.165.79	
1887	270.653.66	264.728.30	5.925.36	
1888	260.366.56	254.576.80	5.789.76	
1889	267.313.78	260.941.50	6.372.28	
1890	254.702.78	248.820.20	5.882.58	
1891	263.781.20	256.781.80	6.999.40	
1892	259.144.53	253.000.90	6.143.63	
1893	263.740.29	257.294.20	6.446.09	
1894	281.204.11	274.137.40	7.066.71	
1895	281.662.92	274.035.60	7.627.32	
1896	294.811.10	287.177. »	7.634.10	
1897	283.680.80	275.759.50	7.921.30	
1898	320.326.60	311.964.20	8.362.40	
1899	315.734.75	307.499.10	8.235.65	
1900	336.203.45	328.324.70	7.878.75	
1901	339.515.40	331.436.60	8.078.80	
1902	388.797.90	380.088.40	8.709.50	
1903	378.946.90	370.209.40	8.737.50	
1904	368.344.75	359.258. »	9.086.75	
1905	383.127.85	373.141.30	9.986.55	
1906	371.344.10	361.132.60	10.211.50	
1907	390.237.70	379.143.90	11.093.80	
1908	399.856.05	388.276.40	11.579.65	
1909	406.324.65	394.435.30	11.889.35	Poisson vivant, 4.95 les 100 kilos.
1910(1)	408.992.35	396.979.30	12.013.05	
1911	412.903.87	391.102.20	12.888.70	8.912.97
1912	412.554.08	388.315.40	13.079.90	11.158.78
1913	413.093.25	391.227.50	12.866.65	8.999.10

(1) Création d'une catégorie nouvelle d'abri « Poisson vivant » (2 fr. 25 les 100 kilos,), à partir du 1er janvier 1910 (arrêté préfectoral du 28 décembre 1909).

Observation concernant l'application des droits d'abri
à la vente en gros du poisson aux Halles.

Jusqu'au 1ᵉʳ janvier 1879, les droits perçus par la Ville étaient fixés *ad valorem* et représentaient à la fois le droit d'octroi et le droit de marché.

Ces droits étaient fixés ainsi en vertu du décret du 30 juin 1872 :

— 15 % sur la vente des :

Saumons, turbots, bars, thons frais, barbues, rougets, homards, langoustes, bouquets et sterlets, truites, écrevisses et ombres-chevaliers.

— 10 % sur la vente des :

Esturgeons, mulets, soles, fletons, sardines fraîches, anguilles, aloses, brochets, éperlans, carpes, lamproies et goujons.

— 6 % sur la vente des :

Autres espèces de poissons.

Tarif des droits d'octroi de Paris et des droits d'entrée perçus au profit du Trésor public sur le poisson

DATES DES DÉCRETS ET ARRÊTÉS approuvant les droits d'octroi	DÉSIGNATION DES DENRÉES ASSUJETTIES AUX DROITS	UNITÉ sur laquelle portent les droits	DROITS D'OCTROI en principal	DEUX DÉCIMES	DROITS D'OCTROI décimes compris	OBSERVATIONS
			fr. c.	fr. c.	fr. c.	
D. 30 Déc. 1878. D. 19 Déc. 1906. (Prorogation)	1re CATÉGORIE : Saumons, Truites de toute espèce, Ombres-Chevaliers, Barbues, Turbots, Bouquets, Rougets Barbets ou de la Méditerranée, Langoustes, Homards, Féras, Écrevisses et Bars	100 kilogs	33.50	6.70	40.20	Tous les poissons, crustacés et mollusques non dénommés ci contre, à l'exception des huitres qui sont l'objet d'une tarification spéciale, laquelle reste en vigueur, sont affranchis de tous droits d'octroi à l'entrée de Paris. (D. du 30 Déc. 1878. Art. 2)
D. 30 Déc. 1878. D. 19 Déc. 1906. (Prorogation)	2e CATÉGORIE : Mulets, Lamproies, Esturgeons, Sterlets, Soles, Anguilles, Brochets. Carpes, Carpeaux, Perches et Goujons	100 kilogs	18.00	3.60	21.60	Aucune réfaction ou remboursement ne sera accordé sur celles de ces denrées qui, après leur introduction, seraient saisies et détruites par mesure de salubrité. (D. du 30 Déc. 1878. Art 3)

MARCHÉ SPÉCIAL DES HUITRES

La vente des huîtres a lieu dans la partie nord-est du pavillon n° 12 des Halles Centrales où elle occupe une superficie de 570 mètres carrés.

Elle est réservée aux huîtres provenant directement des pays de production.

Ce marché s'est tenu jusqu'en 1811 au port Saint-Nicolas, puis rue Montorgueil, près de la rue Mandar. Il ne fut installé aux Halles qu'à partir du 15 octobre 1866.

Quantités d'huîtres introduites dans Paris (en kilogrammes) y compris les apports aux Halles

ANNÉES	1re CATÉGORIE Huîtres fraîches à coquilles lourdes pesant 15 k. et au-dessus le cent d'huîtres	2e CATÉGORIE Huîtres fraîches à coquilles légères pesant moins de 15 k. le cent d'huîtres	3e CATÉGORIE Huîtres fraîches d'Ostende	4e CATÉGORIE Huîtres fraîches de Portugal	Huîtres marinées	QUANTITÉS TOTALES INTRODUITES
	kilogrammes	kilogrammes	kilogr.	kilogrammes	kilogram.	kilogrammes
1876	440.092	2.179.433	41.330	»	6.427	2.667.282
1877	219.436	2.320.037	32.627	220.718	7.462	2.800.280
1878	182.188	2.613.596	44.685	933.336	10.202	3.784.007
1879	190.310	1.874.744	39.794	1.487.654	8.501	3.601.003
1880	266.894	1.880.398	45.504	2.285.583	6.890	4.485.269
1881	221.366	2.280.589	44.083	2.655.690	5.769	5.207.497
1882	263.161	2.529.775	32.183	2.502.053	5.554	5.332.726
1883	204.230	2.001.102	16.244	3.041.684	6.886	5.270.146
1884	145.500	1.724.060	13.391	4.695.292	4.370	6.582.613
1885	207.907	1.942.295	15.796	5.683.754	3.759	7.353.511
1886	252.873	2.049.471	20.094	5.790.554	2.672	8.115.664
1887	417.839	2.076.845	15.171	5.276.236	3.873	7.789.964
1888	187.211	1.916.334	14.192	5.713.819	3.454	7.835.010
1889	94.224	2.301.206	21.413	7.087.648	4.755	9.509.246
1890	67.419	2.177.392	23.830	7.310.144	5.742	9.584.527
1891	85.215	1.996.815	11.106	7.312.643	3.541	9.409.320
1892	94.240	1.829.284	4.986	6.599.368	2.249	8.530.097
1893	67.786	1.869.790	3.088	5.912.919	2.844	7.856.427
1894	94.080	1.918.553	7.866	5.905.605	2.175	7.928.279
1895	48.299	1.996.136	11.637	6.640.585	3.362	8.700.019
1896	52.610	2.408.991	16.749	8.310.137	18.170	10.806.657
1897	65.723	1.959.628	14.209	7.829.796	85.886	9.955.242
1898	61.333	1.887.555	11.478	7.345.896	75.928	9.382.190
1899	59.920	2.036.706	15.171	7.235.975	64.986	9.412.758
1900	62.802	2.365.033	18.160	7.997.421	87.546	10.530.962
1901	65.014	2.203.755	16.075	7.166.952	91.479	9.539.275
1902	54.005	2.076.618	20.115	8.465.633	91.791	10.708.162
1903	33.472	1.655.280	18.652	7.842.438	105.925	9.655.767
1904	44.912	1.901.560	27.963	7.791.126	92.649	9.858.210
1905	93.926	2.080.568	47.399	8.284.189	107.306	10.612.688
1906	192.766	1.817.073	48.683	8.141.053	203.474	10.403.049
1907	193.809	1.562.989	38.986	8.979.456	323.089	11.098.329
1908	174.313	1.673.717	16.870	8.529.887	365.304	10.760.091
1909	139.758	1.825.796	32.608	10.864.710	378.802	13.241.674
1910	117.027	1.772.738	28.971	10.203.377	371.862	12.493.975
1911	92.803	1.818.412	32.686	9.890.434	431.561	12.265.596
1912	75.879	1.991.361	46.858	11.553.573	500.622	14.168.293
1913	41.693	1.906.085	39.722	8.820.573	509.117	11.317.190

Huîtres d'Ostende.

Il n'existe pas, à proprement parler, de « race » d'huîtres d'Ostende. Voici comment procèdent les « parqueurs » de cette région :

Ils achètent en France (spécialement en Bretagne et dans les environs d'Auray), en Angleterre et en Hollande, des huîtres déjà parvenues à un certain degré de développement. Ils les immergent dans leurs parcs où ils leur font subir un traitement spécial dont le but est de réduire les dimensions de la coquille au profit de la chair qu'elle contient. Ils cassent ou liment les bords de cette coquille pour qu'elle devienne moins large, mais plus profonde. Quand elles ont atteint le degré auquel elles sont comestibles, les « parqueurs » les expédient sous le nom d' « *huîtres d'Ostende* ».

Il est difficile de les distinguer des huîtres anglaises, françaises et hollandaises élevées dans les régions où les « parqueurs » d'Ostende s'approvisionnent, d'autant plus que, à Auray et dans certaines localités de la Hollande notamment, des ostréiculteurs sont arrivés à « imiter » les « huîtres d'Ostende » d'une façon assez parfaite pour que de véritables connaisseurs soient trompés.

Les seuls indices qu'on pourrait relever, encore n'ont-ils pas une valeur absolue, sont ceux-ci : les huîtres d'Ostende sont moins larges et plus profondes que les autres ; souvent les bords des coquilles portent les traces du limage ou de la cassure qu'elles ont subi.

D'une manière générale, les huîtres ne viennent pas directement des bancs d'où on les extrait sur le marché ; pêchées, elles sont déposées dans des parcs abrités des vents ; elles y sont conservées et nourries jusqu'au moment où, ayant acquis les qualités convenables, elles sont triées et expédiées.

Provenances des diverses espèces d'huîtres.

ARCACHON :

Gironde .... Arcachon, La Teste, Arès, Audernos.

ARMORICAINES :

Finistère .... Bélon.
Morbihan ...., Vannes.

CANCALE :

Illé-et-Vilaine .... Cancale.

COURSEULLES :

Calvados .... Courseulles.

MARENNES ET PORTUGAISES :

Charente-Inférieure .... La Tremblade, Saint-Just, Arvert, Marennes, La Rochelle, Mornac, La Grève, Le Chapus, Bourcefranc, Le Château.

Prix moyens du cent d'huîtres de 1845 à 1873
(la centaine)

ANNÉES	HUITRES ORDINAIRES (Cancales)	HUITRES D'OSTENDE	HUITRES DE MARENNES
	fr. c.	fr. c.	fr. c.
1845	3.44	3.96	6.74
1846	3.38	4.11	5.55
1847	2.71	4.15	4.68
1848	2.33	3.94	6.47
1849	2.13	4.20	» »
1850	2.14	3.32	3.77
1851	2.24	3.55	4.77
1852	2.27	3.88	5.62
1853	2.85	3.96	5.45
1854	2 22	3.90	5. »
1855	2.46	4. »	5.30
1856	2.83	4.50	5.10
1857	3.12	4.70	5. »
1858	3.58	4.95	5.20
1859	4.25	5. »	6.30
1860	4.58	4.90	6.20
1861	4.11	4.95	6.10
1862	3.60	7.30	6.40
1863	4.25	8.35	6.70
1864	4.70	8.70	7.30
1865	5.66	8.85	8.60
1866	6.62	9.60	9 »
1867	7.06	9.80	0.80
1868	7.35	10. »	10.20
1869	8.10	10.35	11.50
1870	8.10	10.70	12 »
1871	10.37	11.50	13.50
1872	11.24	12.70	13.80
1873	12. »	12.50	13.80

Les nouvelles huîtres qui ont fait leur apparition sur le marché, en 1872 et 1873, se sont vendues aux prix suivants :

	LA CENTAINE	
	En 1872	En 1873
Huîtres armoricaines	13 f. 50	14 f. »
— d'Arcachon	7 »	7 »
— de Portugal........	» »	7 »

Prix moyens du cent d'huîtres de 1880 à 1887 (la centaine)

ANNÉES	ARCACHON	PORTUGAISES	MARENNES	ARMORICAINES	CANCALE	COURSEULLES SAINT-WAAST
1880	4 f.70	4 f. »	8 f.50	»	»	»
1881	4 50	4 »	8 70	»	»	»
1882	5 »	4 50	6 75	»	»	»
1883	5 76	4 28	9 64	»	»	»
1884	6 69	4 39	10 18	»	»	»
1885	6 72	4 34	9 78	9 f.70	12 f.55	13 f.72
1886	6 50	4 15	9 20	9 15	12 70	13 25
1887	6 25	4 08	9 17	9 16	12 50	13 25

Prix maximum et minimum du cent d'huîtres de 1888 à 1913

ANNÉES	ARCACHON		MARENNES		PORTUGAISES		ARMORICAINES		CANCALE		COURSEULLES St-WAAST		OSTENDE		ZÉLANDE		AMÉRIQUE	
	Maximum	Minimum	Maximum	Minimum	Maximum	Minimum	Maximum	Minimum	Maximum	Minimum	Maximum	Minimum	Maximum	Minimum	Maximum	Minimum	Maximum	Minimum
	fr. c.	fr. c.	fr. c.	fr. c.	fr. c.	fr. c.	fr. c.	fr. c.	fr. c.	fr. c.	fr. c.	fr. c.	fr. c.	fr. c.	fr. c.	fr. c.	fr. c.	fr. c.
1888	8.36	2.72	15.74	4.94	4.52	2.49	9.04	4.66	17.16	11.19	16.44	5.06	»	»	»	»	»	»
1889	8.12	3.06	16.16	7.53	4.75	2.85	8 »	3.90	18.18	11.72	16.50	5 »	»	»	16 »	16 »	3 »	2.50
1890	7.20	2 78	14.36	6.34	4.63	2.66	10 »	4.50	17.27	13.36	16.50	5.30	»	»	»	»	»	»
1891	6.50	2.55	14 »	4 50	4 »	2.37	15 »	13 »	17 »	14 »	17 »	5 »	»	»	»	»	»	»
1892	7.22	3.18	13.70	4.92	4.71	2.72	15 »	9 »	16.70	10.90	16.70	5.10	»	»	»	»	»	»
1893	7.11	2.50	13.50	4.30	5 »	2.90	9 »	7 »	16 »	10 »	16 »	5.50	»	»	»	»	»	»
1894	6.50	2.62	15.04	4.09	4.63	2.29	10.71	7.43	17.75	10.50	16.67	6 »	»	»	»	»	»	»
1895	5.43	2.44	14.28	4.21	4.75	2.55	16 »	6.25	17.39	10.73	16.66	10.44	»	»	»	»	»	»
1896	5.25	2.47	13.95	3.83	4.49	2.20	10.96	6.46	15.46	8.44	18 »	44 »	»	»	»	»	»	»
1897	6.47	2.83	15 »	4.58	4.68	2.25	15.60	5.80	18.39	6.68	18 »	9 »	»	»	»	»	»	»
1898	5.91	2.81	15.05	4.90	4.75	2.07	15.42	5.57	16.48	6.39	18 »	9 »	»	»	»	»	»	»
1899	6.59	2.80	14.98	4 02	4.50	2.01	13.77	5.79	14.62	5.64	»	»	»	»	»	»	»	»
1900	7.11	2.56	14.96	4.25	4.50	2.05	15 »	4 »	14.07	5.75	»	»	»	»	»	»	»	»
1901	6 »	2 »	14.98	4 »	4.50	2 »	14.50	6.25	14.12	6 »	»	»	»	»	»	»	»	»
1902	6 »	2 »	15 »	4 »	4.50	2 »	14 »	6 »	14 »	6 »	»	»	»	»	»	»	»	»
1903	6 »	2 »	15 »	4 »	4.50	2 »	16.30	4.85	14 »	6 »	»	»	»	»	»	»	»	»
1904	6.25	2 »	15.22	4 »	4.77	2 »	19 »	3.50	15 »	6 »	»	»	»	»	»	»	»	»
1905	6.50	2 »	15.50	4 »	5 »	2 »	20 »	3 »	16 »	6 »	»	»	»	»	»	»	»	»
1906	6.71	2.21	15.67	4.22	5.20	2.20	20 »	3.25	16 »	6 »	»	»	»	»	»	»	»	»
1907	6.71	2.50	15.95	4.50	5.05	2.50	20 »	3.87	16 »	6.29	»	»	»	»	»	»	»	»
1908	7.25	2.37	16 »	4.75	5.25	2.50	20 »	4.81	17 »	7.12	»	»	»	»	»	»	»	»
1909	7.06	2.50	16 »	4.55	5.05	2.50	20 »	5 »	16 »	7 »	»	»	»	»	»	»	»	»
1910	7.33	2.50	17.60	4.80	5.20	2.50	19.20	4.60	14.40	6.60	»	»	»	»	»	»	»	»
1911	7.21	3 »	16.50	5 »	5.50	2.50	20 »	5 »	15.20	6 »	»	»	»	»	»	»	»	»
1912	7.40	2.75	17.30	5 »	5.35	2.50	21 »	5 »	15.50	7 »	»	»	»	»	»	»	»	»
1913	7.56	3 »	17.47	5 »	5.60	2.75	22 »	5 »	16.10	7 »	»	»	»	»	»	»	»	»

Produit du droit d'abri

appliqué sur le marché spécial des huîtres

ANNÉES	PRODUIT DU DROIT D'ABRI (0 fr. 05 par centaine d'huîtres)	ANNÉES	PRODUIT DU DROIT D'ABRI (0 fr. 07 par centaine d'huîtres)
	fr. c.		fr. c.
1880	4.721.40	1898	15.622.75
1881	6.245.05	1899	18.270.30
1882	9.633.30	1900 (1)	25.507.30
1883	9.502.15		
1884	9.951.45	1901	27.184.08
1885	10.183.75	1902	29.948.10
1886	10.614.50	1903	25.774.84
1887	10.506.95	1904	28.818.83
1888	12.417.25	1905	26.384.54
1889	15.841.85	1906	29.094.03
1890	15.751.90	1907	30.666.09
		1908	27.566.70
1891	16.417.80	1909	32.968.67
1892	16.433.50	1910	33.326.16
1893	17.665.50		
1894	16.303.00		
1895	17.498.00	1911	32.929.40
1896	18.877.20	1912	36.696.87
1897	16.914.00	1913	32.166.82

(1) Par arrêté en date du 31 juillet 1900, mis à exécution à partir du 1er août suivant, le droit d'abri, qui était fixé à 0 fr. 05 par centaines d'huîtres, a été porté à 0 fr. 07.

Observation concernant l'application du droit d'abri sur le marché spécial des huîtres.

Les droits perçus sur le marché spécial des huîtres ont été fixés *ad valorem* jusqu'en 1874.

Ces droits comprenant, à la fois, le droit d'octroi et le droit de marché étaient de dix pour cent, en vertu d'une décision ministérielle du 7 décembre 1849 ; ils avaient été maintenus par le décret du 30 novembre 1872.

Le droit *ad valorem* a été converti en taxes spécifiques d'octroi et d'abri par le décret du 2 avril 1875.

Tarif des droits d'octroi de Paris et des droits d'entrée
perçus au profit du Trésor public sur les huîtres

DATES DES DÉCRETS ET ARRÊTÉS approuvant les droits d'octroi	DÉSIGNATION DES DENRÉES ASSUJETTIES AUX DROITS	UNITÉ sur laquelle portent les droits	DROITS D'OCTROI en principal	DEUX DÉCIMES	DROITS D'OCTROI DÉCIMES COMPRIS
			fr. c.	fr. c.	fr. c.
	1ʳ CATÉGORIE				
D. 23 avril 1875. (D. 19 décembre 1906, prorogation).	Huîtres fraîches, à coquilles lourdes, pesant 15 kilos et au-dessus. . le cent d'huîtres.	100 kilos	5. »	1. »	6. »
	2ᵉ CATÉGORIE				
D. 23 avril 1875. (D. 19 décembre 1906, prorogation).	Huîtres fraîches, à coquilles légères, pesant moins de 15 kilos. . . . . le cent d'huîtres.	100 kilos	15. »	3. »	18. »
	3ᵉ CATÉGORIE				
D. 23 avril 1875. (D. 19 décembre 1906, prorogation).	Huîtres fraîches d'Ostende	100 kilos	30. »	6. »	36. »
	4ᵉ CATÉGORIE				
D. 4 juillet 1877. (D. 19 décembre 1906, prorogation).	Huîtres fraîches de Portugal.	100 kilos	5. »	1. »	6. »
A. P. 17 novembre 1896. D. 14 avril 1906. (D. 19 décembre 1906, prorogation).	Huîtres marinées.	—	12. »	»	12. »

CONCLUSIONS

Au cours des 25 dernières années, les apports annuels de poisson aux Halles (poisson de mer, poisson d'eau douce et coquillages) ont passé de 31 à 52 millions de kilogrammes (1), ce qui fait ressortir une augmentation de 68 %.

Faut-il expliquer ce chiffre par un simple accroissement de la population qu'alimentent les Halles, ou bien doit-on conclure que le poisson tend à entrer plus largement dans la nourriture de cette population ? Le problème est difficile à résoudre : les Halles, en effet, fournissent non seulement Paris, mais tous les environs, à une distance parfois considérable ; par contre, il entre à Paris du poisson qui ne passe pas par les Halles, et sur lequel nous n'avons aucune donnée lorsqu'il n'appartient pas aux catégories soumises à l'octroi (2). On ne peut donc déterminer la place que les Parisiens font au poisson dans leurs repas.

Disons toutefois que la population du *département de la Seine* a augmenté, depuis 25 ans, d'environ 40 %.

On trouvera quelques autres éléments d'appréciation dans le tableau suivant, qui donne des indications sur le marché de la *viande*, de la *volaille* et du *gibier*, des *beurres* et des *œufs* à Paris ; il permet de se faire une idée sur l'importance de ce marché par rapport à celui du poisson, et il montre les augmentations ou diminutions constatées à l'intervalle d'un quart de siècle ; dans la dernière colonne, les chiffres de 1913 sont représentés par la valeur qu'ils ont lorsqu'on prend pour 100 ceux de 1888.

---

(1) Les huîtres ne sont pas comprises dans ce chiffre.

(2) Toutefois, le poisson *commun* ne passant pas par les Halles, est insignifiant.

Nᵒˢ D'ORDRE		1888	1913	COMPARAISON avec 1888
	APPORTS AUX HALLES :	kilogr.	kilogr.	
1	Poisson de mer frais proprement dit	22.200.162	34.185.068	154
2	Crustacés	688.191	2.020.242	293
3	Poisson salé et fumé.............	353.594	154.705	44
4	Poisson de mer *lato sensu* (nᵒˢ 1, 2 et 3 ci-dessus)	23.241.947	36.360.015	156
5	— : provenance française seule	19.253.287	33 117.029	172
6	Moules	4.949.800	10.683.249	216
7	Coquillages (à l'exclusion des huîtres, des moules et des escargots)	478.190	2.183.431	457
8	Poissons d'eau douce (sans les écrevisses) .	1.855.364	2.141.880	115
9	Écrevisses	118.188	94.045	79
10	Escargots	361.770	515.705	142
11	Poisson en général (toutes les catégories ci-dessus)..	31.005.259	51.878.295	168
12	Viandes (bœuf, veau, mouton et porc).. ...	44.969.427	59.783.417	133
13	Volaille et gibier...................	20.895.894	22.260.591	106
14	Beurres	12.075.931	14.878.218	123
15	Œufs	15.196.097	15.398.173	101
	OCTROI :			
16	Poisson de 1ʳᵉ catégorie.............	2.219.272	2.510.100	113
17	» 2ᵉ »	2.113.421	1.872.663	89
18	Huîtres.........................	783.501	1.131.719	144
19	Viandes.........................	186.600.049	195.860.041 (1)	105
20	Volaille et gibier...................	24.621.750	36.616.478	149
21	Beurres	18.823.870	28.899.965	153
22	Œufs	21.469.885	38.979.041	181

(1) Chiffre de 1912, celui de 1913 n'étant pas encore arrêté.